ख़यालों के दामन में

Renu 'Anshul'

BookLeaf
Publishing
India | USA | UK

Made with ❤ on the BookLeaf Publishing Platform
www.bookleafpub.in
www.bookleafpub.com

Dedication

जीवन के उन लम्हों के नाम, जो चुपचाप कविता बन गए

Preface

एक बार फिर मैं अपने प्रिय पाठकों से रूबरू हो रही हूँ अपने इस दूसरे कविता संग्रह के रूप में । अपना पहला कविता संग्रह 'लम्हों के दामन में ' 2019 में आप सभी को समर्पित किया था मैंने और आप सभी का भरपूर स्नेह भी बटोरा था। आपके उसी स्नेह, साथ और सहयोग की ख्वाहिश के साथ इस कविता संग्रह के विषय में मात्र इतना ही कहुंगी कि इसकी हर कविता मेरे लिए मात्र कोई रचना नहीं बल्कि एक सांस है जो कभी मन के भीतर गूंथी गई चुप्पियों से निकली है तो कभी अलसाई सी दोपहर में चाय की चुस्कियों के संग-संग दिल में उतर गई है । कभी अचानक एक टूटते हुए रिश्ते की दरारों से झाँकती हुई पीड़ा बन गई है तो कभी स्त्री के मन से कराहती हुई आवाज़ बन गई है ।

सच कहूँ तो ये कविताएँ लम्हों का वो दस्तावेज़ है जो बीते तो बहुत चुपचाप मगर भीतर ही भीतर बहुत कुछ कह गये और अहसास बन कर इधर उधर बिखर गए । इनकी कुछ पंक्तियाँ यदि ज़िद जैसी हैं तो कुछ स्वीकार जैसी पर सबकी जड़ में है:

"मेरी मर्ज़ी",
"मेरा मौन",
और मेरा "मैं" –

जो अक्सर समाज की भीड़ में खोता रहा,पर कविता में हर बार फिर से खुद को खोजता रहा । यह प्रस्तावना कोई शुरुआत नहीं है बल्कि एक निमंत्रण है कि आइए, इन पन्नों में उतरिए, जहाँ यदि भाव हैं अहसास हैं तो साथ ही सांझी हुई फाँसें भी हैं और उन सबके बीच एक प्रयास – खुद को समझने का , स्वीकारने का और सबके बीच अपने मन की कह पाने का।

इस पुस्तक की अगर कोई भी पंक्ति, कोई भी कविता आपके मन को जरा सा भी छू ले या किसी भूले हुए सवाल को फिर से जगा दे तो निश्चित ही जानिएगा कि यह किताब सही मायने में अपने पाठक से मिल गई है।

आपके पढ़ने के इन्तज़ार में शुभकामनाओं सहित,
रेनू ' अंशुल '

Acknowledgements

मैं अपने पूरे मन के साथ यह मानती हूँ कि हम अपना कोई भी काम बिलकुल अकेले नहीं कर सकते । हमारे उस काम के सम्पूर्ण होने के साक्षी होते हैं हमारे कुछ अपने वो लोग जिनके साथ और सहयोग के बिना हम स्वयं में अधूरापन महसूस करते हैं । मेरी यह कृति भी उन्हीं अपनों के साथ के बिना निश्चित ही अधूरी रह जाती । अतः मैं तहे दिल से उन सभी का शुक्रिया अदा करती हूँ जो जिस किसी भी रूप में इस कृति के सृजन के दौरान मुझमें मौजूद रहे और अन्त तक मेरा मनोबल मेरा हौसला बुलंद करते रहे ।

सबसे पहले मैं अपने मन को धन्यवाद देना चाहती हूँ जो बार–बार टूटा, बिखरा, संभला, और फिर- फिर रचता रहा शब्दों के इस संसार को ।

इस पुस्तक के प्रकाशक और सम्पूर्ण सम्पादकीय टीम को मेरा बहुत-बहुत धन्यवाद जिन्होंने बेहद ख़ूबसूरती से मेरी इस कृति को आप तक पहुँचाने के क़ाबिल बनाया ।

मेरे पूरे परिवार को मेरा कोटि कोटि धन्यवाद जिन्होंने हमेशा मेरी लेखनी को चलते रहने का हौसला दिया , वक़्त फिर चाहे कैसा भी क्यों न रहा हो । मेरे लाइफ पार्टनर अंशुल जिनके साथ के बिना मैं कभी अपने लेखन को यहाँ तक नहीं पहुँचा पाती । मेरी दोनों प्यारी बेटियों अजिता और अनन्या को मेरा बहुत सारा थैंक्यू जिन्होंने अपनी पूरी तन्मयता और लाड़ प्यार के साथ मुझे सिखाया आधुनिक सोशल मीडिया का तकनीकी ज्ञान जिसके कारण ही आज मैं यहाँ हूँ।

मेरे सारे अपनों, दोस्तों और प्रिय सहेलियों रंजना, नीना, मंजू और अनुराधा को बहुत धन्यवाद जो कविता के प्रथम शब्द से लेकर अन्तिम शब्द तक मेरी लेखनी बनकर मुझे सँभाले रहे ।

और अन्त में मेरे सभी पाठकों का आभार - धन्यवाद जिनके हाथों में मेरी यह पुस्तक है । मैं जानती हूँ और महसूस भी करती हूँ कि यक़ीनन आपके भीतर भी कुछ तो ऐसा था जिसने इन कविताओं को अपना कहने की स्वीकृति दी।

सभी का दिल से शुक्रिया और ढेर सारी शुभकामनाओं के साथ,

रेनू ' अंशुल '

1. मेरी पसंद की लड़कियाँ

मुझे वो लड़कियां बहुत पसंद है
जिनकी अपनी पसंद होती है
अपनी सोच होती है
और जो भीड़ में होते हुए भी
अलग दिखाई देती हैं
उनके चेहरे पर एक अलग सा
नूर होता है
उनमें चुनौतियाँ स्वीकारने की
ग़ज़ब शक्ति होती है
चाय पसंद हो तो
चाय ही पीती हैं
दिखावे में आकर
कॉफ़ी या माचा पीने
नहीं चल देती हैं
वेस्टर्न ड्रेस पहननी हो
तो वही पहनती हैं
और जब साड़ी सूट का
मन हो तो
वो भी शौक से पहनती हैं
आत्मविश्वासी होती हैं बहुत

और ग़लत बात का
बिना किसी डर के
डटकर विरोध करती हैं
और दूसरे उनको सही समझें
या नहीं
खुद पर पूरा एतबार
रखती हैं
लड़का पसंद न हो तो
हाँ नहीं करती हैं
अपने तर्क- वितर्कों से
मम्मी पापा को भी
मना लेती हैं
माँ बनना न बनना
इनका अपना निर्णय होता है
इतनी बड़ी ज़िम्मेदारी के लिए
सोच समझ कर
फ़ैसले लेती हैं
जल्दबाज़ी से ख़ुद भी
बचती हैं
और सबको भी
बचाना चाहती हैं
इन्हें हर काम करके
देखने होते हैं
हर शौक पूरे करने
होते हैं
तो चाहे फिर वो
उनके लिए नहीं होते हैं

ऐसा शायद वो नहीं मानतीं
मगर लोग मानते हैं
लोगों की ऐसी बातों को
ये बिना परखे
नहीं मानती हैं
अपने समय को ये बिलकुल
अपने हिसाब से चलाती हैं
कभी सारे दिन चाहे
लैपटॉप पर उँगलियों से
कम्पनी और प्रशासन चलाती हैं
या फिर रात में
तारों से गुफ़्तगू करती हैं
मुस्कुराती हुई अपनी
डायरी में
कभी कोई ख्वाहिश या कविता
लिख लेती हैं तो
कभी अपनी चाहतों की
लिस्ट को घटाती - बढ़ाती
रहती हैं
कब कैसे कहाँ क्या करना है
प्लानिंग करती रहती हैं
इन्हें ख़ाली बैठना भी
अच्छा नहीं लगता बिलकुल
क़ीमती समय के
एक- एक पल को
सार्थक करने की
क्षमता रखती हैं

ज़िन्दगी जैसी भी हो
उसमें ढल जाती हैं
मुश्किल घड़ियों में भी
हौसलों की उड़ान भर जाती हैं
मुझे सचमुच पसंद हैं ऐसी लड़कियां
क्योंकि ये बहुत सच्ची होती हैं
और एक दिन निश्चित ही
इतिहास रच डालती हैं ....

2. दिन की पहली घंटी और वो

सुकून होती है
दिल का
करार होती है
कानों में मिठास
घोल जाती है
नींद का मिज़ाज
बदल जाती है
मीठे ख़्वाब से
सजा जाती है
चाय की तलब
जगा जाती है
दिन की पहली घंटी
जब बिन इंतज़ार
बज जाती है
मधुर मुस्कान लिए
हमारे घर की जब
वो ज़रूरी औरत
दिख जाती है......

जब तक घर में रहती है

उसके हाथों की गति
मशीन का सा
अहसास कराती है
एक पल बरतन तो
दूसरे पल झाड़ू पोंछा
लगाती नज़र आती है
अपना घर चलाने को
न जाने कितने घरों का
चूल्हा जलाती है
पता नहीं इतनी ताक़त
कहाँ से लाती है
सबका ध्यान रखती है
पर क्या कभी किसी ने
उससे पूछा
कि ख़ुद वो अपना ध्यान
रख पाती है .....

वो आती है चुपचाप
और वैसे ही चली जाती है
जैसे कोई ज़रूरी रिवाज
जो बिन मन के भी
निभाई जाती है
सदियों की थकान
दिखती है उसके
चेहरे पर
जो कभी उसकी
पायल और

चूड़ियों की कम
खनक बता जाती है
पर कोई शिकायत कभी
उसकी ज़ुबान तक
नहीं आती है
उसका जीवन संघर्ष है
अच्छी तरह जानती है ....

3. सूखा गुलाब

बदल गई है जिसकी सूरत
इतने बरसों में
वो गुलाब अब भी तरोताज़ा है
मन उपवन में
छुअन में इसकी आज भी तपिश है
उन साँसों की
छेड़ दी थी एक कहानी जिसने
अनजाने ही मुहब्बत की .....

सूख गये हैं रंग इसके बेशक
मगर जज़्बातों की ख़लिश वही है
काली पड़ी पंखुड़ियों में आज भी
नज़रों की तड़प वही है
झिझक कर थमाते हुए मुझको
तुम्हारे हाथों का कंपन वही है
शाम वही है
शाम की बहार वही है......

तुम भूल गये शायद मगर
मन मेरा आज भी

उस क्षण को जीता है
दिल में सजा वो लम्हा
अब तलक महकता है
पहली मुहब्बत का
पहला गुलाब यह
किताब को मेरी
आज तक महकाता है

4. यादों का सफ़र

जानती हूँ कि यादें बड़ी
बेमानी होती हैं
वक़्त की धूल में छिपी
कुछ अधूरी तो कुछ
पूरी होती हैं
मगर सच यह है कि यादें
बड़ी हसीन होती हैं
कुछ पल को ही सही
गुज़रे समय को
क़रीब ले आती हैं
चुपके से आकर
दिल को सहला जाती हैं......

कल की सिलवटों में उलझी
कुछ जानी पहचानी तो कुछ
अनजानी होती हैं
तन्हाईयों में मीठी सी धुन बजा
उदासियों का अहसास
मिटा देती हैं
बीते सालों की

नादानियाँ, मस्तियाँ
जीवन को कभी मीठा
तो कभी नमकीन
बना देती हैं .....

मुस्कान बनकर अधरों पर
खिल जाती हैं
तो कभी आँसू के बहाने
दिल में उतर जाती हैं
बदलते मौसम की तरह
इनकी भी अलग-अलग
कहानी होती हैं
जो कभी दोस्त बनकर
साथ निभाती हैं
तो कभी दुश्मन बनकर
हाथ झटक देती हैं
मगर सच है फिर भी कि
यादें बहुत हसीन होती हैं......

5. पापा ठीक नहीं किया तुमने

इतना प्यार क्यों दिया मुझे तुमने
पापा यह ठीक नहीं किया तुमने
हाथ थामकर चलना सिखाया
गिर कर फिर उठना सिखाया
अँधेरे में भी रहना सिखाया
हर मुश्किल से लड़ना सिखाया
पर एक बात तुम भूल गए पापा
बिन अपने नहीं जीना सिखाया ....

पहली बार जब डर गयी थी
झट से उँगली तुम्हारी थाम ली थी
फिर वो उँगली पकड़े पकड़े ही
दूरियाँ कितनी ही नाप ली थी
अँधेरों में जैसे दीया कोई
हौसले का मन में तुमने जलाया
पर एक बात तुम भूल गये पापा
बिन अपने नहीं जीना सिखाया.....

आँसू पलकों में जब जब आया
दुख जीवन में मेरे जब भी छाया

जाने तुमको कैसे सब समझ आया
ढाल बनकर दुआओं से अपनी
तब हर बला से मुझे बचाया
ख़ुशियों से मेरा पूरा संसार सजाया
पर एक बात तुम भूल गए पापा
बिन अपने नहीं जीना सिखाया .....

हर राह पर तुमको तलाशा करती हूँ
हर आवाज़ में तुम्हारी आवाज़ ढूँढती हूँ
एलबम में देख देख कर तस्वीरें हमारी
बातें पुरानी फिर दोहराया करती हूँ
पल पल को मीठी यादों से महकाया
फूलों सा मेरा जीवन खिलाया
पर एक बात तुम भूल गये पापा
बिन अपने नहीं जीना सिखाया......

6. विश्वास

माँ ने जाते हुए
उसे टोका
कुछ ढंग का पहन लेती
कहकर रोका
इससे पहले कि वो तिलमिलाती
जवाब में कुछ कहती
पिताजी बीच में आकर
सिर पर हाथ फेरकर
बोल पड़े विश्वास में भरकर
नहीं रहेगी मेरी बेटी डरकर
मन होगा वही करेगी डटकर
बदलना है तो वो बदलें न
जिनकी है बुरी नीयत और
बुरी नज़र
वो रूकी नहीं फिर
तेज़ी से निकल गई
मुस्कुरा कर , हँस कर
गर्व से भरकर
और फिर सारी फ़िज़ाएं
चहक उठीं खिलखिलाकर.....

7. तेरे ख़यालों की लौं

पल पल घटती
यह रात
तेरे ख़यालों की लौं
में जल रही है
सूरत तेरी मुस्कुराती सी
बन्द आँखों में घूम रही है
लहरें समंदर में जैसे
अठखेलियाँ कर रही हैं....
गुफ़्तगू का तो हमारी
है यह आलम
न ख़त्म हो रही है
और न होती नज़र आ रही है
काँपते लफ़्ज़ों के पन्नों पर
कविता कोई रच रही है
हर शाख़ पर जैसे
कली नयी खिल रही है ....
चाँद भी अब तो धीरे-धीरे
ढलने लगा है
कारवां तारों का अपनी
धुन में लगा है

चाँदनी फिर अपनी अदा
कोई दिखा रही है
रोकने की उनको
कोशिश कर रही है..
पल पल घटती
यह रात
तेरे ख़यालों की लौं
में जल रही है

8. प्यार का बार-बार होना

लोग कहते हैं कि प्यार की
कोई उम्र नहीं होती
यह वो शै है जिसकी
गिनती कोई नहीं होती
कभी भी हो जाता है
कैसे भी हो जाता है और
कितनी ही बार हो जाता है
सच पूछिए तो
इसके होने के लिए
एक लम्हा ही काफ़ी होता है
और यह एक लम्हा
कितनी ही बार
वही पहला लम्हा
बन जाता है
जैसे कोई झरता हुआ झरना
बिलकुल नया ताज़ा सा
फूट पड़ता है
साँसों में सरगम सा
गुनगुना उठता है
गुलाब की ख़ुशबू सा

महक उठता है
और यह लम्हा
दिल की चौखट पर
हर बार
नई दस्तक देता है
पलकों पर नये
सपने सजा देता है
जीवन को फिर से
जीने का बहाना
दे जाता है
और प्यार सिर्फ़ होने
की चीज़ नहीं
बल्कि बार बार
जीने का जादू है
यह सच समझा
जाता है........

9. नहीं भूलतीं ये बातें

कुछ बातें हमें
कभी नहीं भूलतीं हैं
साँसों में बसी धड़कनों की तरह
हर समय हर पल
अपनी उपस्थिति का अहसास
करातीं ही रहतीं हैं
जैसे बातों बातों में माँ की
आँखों का भर आना
कारण पूछने पर कुछ नहीं
कुछ नहीं कहकर टाल जाना
भूख नहीं लगने पर बार बार
खाने की पूछने आना
सिर पर लाड़ से हाथ
फेरते हुए फिर
दूध का गिलास पकड़ा जाना
ग़ुस्सा करने पर जल्दी ही
भावुक होकर कह उठना
'मैं ही हूँ जो तुम्हारे
नाज़ नख़रे उठाती हूँ
ग़ुस्सा सहकर भी

पीछे पड़ी रहती हूँ
फिक्र में तुम्हारी
मरती रहती हूँ......

कुछ बातें हमें
कभी नहीं भूलती हैं
पिता के प्यार में छिपी डाँटें
अब तक हिम्मत दे जाती हैं
जैसे मेरे घर से बाहर जाने पर
अख़बार में नज़रें गड़ाए ही
कुछ कड़क कर उनका पूछना
' पैसे- वैसे जेब में कुछ हैं न
मिल जायेगी नौकरी भी
अभी तो मैं हूँ न '
सबके सो जाने पर चुपचाप
मेरे कमरे के दरवाज़े पर
आकर धीमे से कहना
अपना पूरा प्रेम
इन शब्दों में जता देना
'सो जाओ भई अब
बाक़ी सुबह पढ़ लेना
चिन्ता मत किया करो इतनी
अभी तो मैं हूँ न....

कुछ बातें हमें
कभी नहीं भूलतीं हैं
स्नेह की डोर में बँधी

मन को सींचती ही रहती हैं
जैसे हर रक्षाबंधन और
भाई दूज के पर्व पर
छोटी बहन का
मीठा सा झगड़ा करना
तोहफ़े को देखकर पहले
नाक भों सिकोड़ लेना
फिर दिल से लगाकर
प्यार से रख लेना
मुस्कुरा मुस्कुरा कर
मस्तक पर मेरे तिलक सजा देना
मायके से ससुराल जाते समय
खुद को कुछ अधिक ही
समझदार समझ कर कहना
' भैया मम्मी पापा का
खूब ध्यान रखना
मेरी जब भी ज़रूरत पड़े
संकोच मत करना
तुरंत बुला लेना......

कुछ बातें हमें
कभी नहीं भूलतीं हैं
दिल के समन्दर में
लहरों सी अठखेलियाँ
करती रहतीं हैं
जैसे पहली बार
किसी के नाम से

धड़कनों का बढ़ जाना
उसकी एक झलक के लिए
कुछ भी कर गुज़रना
चुपके से उसको ख़त
पकड़ा कर भाग जाना
किसी दिन अचानक
हाथ उसका थाम लेना
चाँदनी रात में तारों को ताकना
किसी का पहली बार
इंतज़ार करना
बारिश की पहली बूँद से
उसका चेहरा भीग जाना
कितना मुश्किल है न
इन सब बातों को
भूल पाना ......

10. ट्रेन का सफ़रनामा

ट्रेन में आज भी मेरी
जब जब यात्रा होती है
न जाने कितनी अनगिनत स्मृतियाँ
मन में चलचित्र सी घूम जाती हैं
सच कहूँ तो बचपन से ही
ट्रेन मुझे बहुत लुभाती है ....

पटरियों पर दौड़ती इसकी आवाज़
लयबद्ध संगीत का आनंद दे जाती है
अपने धुएँ की रेखा से राह यह
आशाओं और उम्मीदों की बनाती है
कुछ पीछे छोड़ जाती है तो नया कुछ
ज़िन्दगी की डायरी पर लिखती जाती है
जीवन रूकने का नहीं चलते रहने का नाम है
सच एक बड़ा जीवन का समझाती है
सच कहूँ तो बचपन से ही
ट्रेन मुझे बहुत लुभाती है ......

खिड़की वाली सीट के लिए हमेशा
हम सबमें होड़ लग जाती थी

कई बार इस पहल पहल में
चोट आदि भी लग जाती थी
और साथ ही पापा मम्मी की
डाँट भी खानी पड़ जाती थी
वो छोटी सी खिड़की ट्रेन की जैसे
सैर सारी दुनिया की करा जाती थी
लाड़ प्यार और तीखी तकरार की
वो याद सुहानी मन को
सहला सा जाती है
सच कहूँ तो बचपन से ही
ट्रेन मुझे बहुत लुभाती है ......

हर खेत, हर पेड़, हर नदी को हाथ
हिला हिला कर विदा करते थे
हर समय के बदलते रंग रूप का
जी भरकर आनंद उठाया करते थे
खिड़की से हाथ बाहर निकाल कर
कभी हवा में लहराया करते थे
तो कभी बगल वाले डिब्बे को
छूने की कोशिश किया करते थे
याद वो आज भी मीठी
हँसी होंठों पर खिला जाती है
सच कहूँ तो बचपन से ही
ट्रेन मुझे बहुत लुभाती है......

सफर में मम्मी की लाई
पूड़ी आलू और अचार का

अलग ही मजा होता था
साथ में चायवाले से लेकर कुल्हड़ वाली
चाय के स्वाद का तो कहना ही क्या था
अँधेरा कुछ होते ही फिर जब
ताश और लूडो खेला जाता था तो
साथ बैठे कितने ही मुसाफ़िरों से
दोस्ताना रिश्ता बन जाया करता था
डिब्बे में तब नये नए क़िस्सों का
समन्दर लहराया करता था
कहानियाँ आज भी वो यादों में
गूँजती गुंजाती रहती हैं
सच कहूँ तो बचपन से ही
मुझे ट्रेन बहुत लुभाती है......

अब भी जब ट्रेन गुज़र रही होती है
मन वहीं चला जाता है
खिड़की के बाहर
जहाँ बचपन झूल रहा होता है
बीते लम्हों की कोई परछाई साथ आ जाती है
सच कहूँ तो बचपन से ही
मुझे ट्रेन बहुत लुभाती है......

11. प्रेम चुकता नहीं कभी

मुझे लगता था कि
सब कुछ बीत गया है
हमारे बीच
समय की तल्खियों में
चुक चुके हैं
वो सारे अहसास
जिनमें चाहत जन्मी थी
कविताएँ रच गईं थीं
और सजने लगा था
आशियाना चाँद सितारों सा
मुझे सचमुच लगता था कि
ज़िन्दगी की आपाधापी में
ज़िम्मेदारियों में
मिट गये हैं वो पल
जो सिर्फ़ हमारे थे
जो सबसे चुराकर
हमने जिए थे
मगर नहीं शायद
ऐसा नहीं था
ख़याल मेरा शायद

कुछ ग़लत था
पुरानी गलियों से
मुद्दतों बाद अभी जब
गुज़रना हुआ
तो हवाओं में बहती
तैरती महकती
तेरे साथ की
ख़ुशबू सहला गई मुझे
नरमाई से
बीती सी गहराई से
मीठी सी मुहब्बत से........

12. मेरी सहेली जैसा कोई नहीं

मेरी सहेली....
वो एक मीठी सी धुन है
तन्हा मन की धड़कन है
तपते मरूस्थल में सुहानी सी
बरसात की पहली गुनगुन है

मेरी सहेली....
जब जब मैं परेशां हुई
सबने मुझसे मुख मोड़ा
आशा की किरण बनकर
जीवन से उसने मुझको जोड़ा

मेरी सहेली.....
बात चाहे कैसी भी हो
छोटी हो या फिर बड़ी हो
साथ मेरे वो खड़ी रहती है
परछाई सी वो बनी रहती है

मेरी सहेली...
बचपन की गलियों की साथी,

कंचे, गुड़ियाँ, कहानियाँ बाँटी।
हर राज़ उसने चुपचाप सहे,
न ज़ुबां से कभी न आँखों से कहे

मेरी सहेली.....
मेरी हँसी में वो हँसती है
मैं रोऊँ तो वो भी रोती है
दुआ बनकर जैसे बड़ों की
मेरी वो हिफ़ाज़त करती है

मेरी सहेली...
हर जीत में उसका हाथ है,
हर हार में उसका साथ है
हर रिश्ते से बढ़कर गहरा
अनमोल हमारा अहसास है

मेरी सहेली...
अँधेरे में रोशनी दीप सी,
चुप्पी में जैसे संवाद सी
दिल में चुपचाप उतर जाती है
जो मैं कह न पाऊँ ख़ुद से भी
वो सबसे कह जाती है...

13. लुत्फ़ ज़िन्दगी का

ज़िन्दगी गर गुज़रे बिन ग़मों के तो कितना अच्छा हो
हर बशर जो खुदा सा नेक हो जाए तो कितना अच्छा हो

हर दिल में मुहब्बत हो, हर दिल में सच्चाई हो
प्यार का हर जगह हो राज तो कितना अच्छा हो

अमन चैन हो हर तरफ़ न नफ़रत का नामोनिशां हो
ज़ुबां पर दुआओं का असर हो तो कितना अच्छा हो

गुलशन में बहार ही बहार हो गुलाब के फूलों की
ग़र ख़ार न उसमें हों तो कितना अच्छा हो

धर्म मज़हब ज़ुबान जहाँ न तेरी हो न मेरी हो हमारी हो
बोलबाला गर इंसानियत का हो तो कितना अच्छा हो

जहाँ बैठ सके हर कोई मौसम का लुत्फ़ उठाने को
शजर हर घर के पास ऐसा हो तो कितना अच्छा हो

हर आँखों में सज सकें सपने , हर ख्वाहिश सबकी पूरी हो
भेद अमीर ग़रीब छोटे बड़े का न हो तो कितना अच्छा हो

14. मैं चिड़िया हूँ

एक नन्ही सी चिड़िया
मेरे कमरे की खिड़की से दिखते
एक पुराने से पेड़ पर
तिनके तिनके को जोड़कर
प्रेम और यकीन से भरकर
बना रही है अपने
परिश्रम का घर
अपने विश्राम का घर
और जोड़ रही है शायद
मेरे टूटे यकीन को
भी कहीं मेरे भीतर......

उसके नाज़ुक कोमल
परों की फड़फड़ाहट
खुशी का इज़हार करती
उसकी मीठी चहचहाहट
ख़त्म कर देती है पल भर में
मन की सारी उकताहट
सारी चिड़चिड़ाहट
और मैं गुनगुन से होते

अपने मन के साथ
घंटों महसूस करती हूँ
खुद को उसके साथ ....

हर सुबह वो उड़ान भरती
शाम ढले तक वापस लौटती
न परेशान दिखती न थकती दिखती
न उम्मीद कोई किसी से रखती
न तारीफ़ अपनी किसी से चाहती
काम में मगन बस लगी रहती
चुप्पी उसकी यह बरबस
कहानी अनकही सी
उसकी कह जाती है
पंखों में समेट अपने सारे दर्द को
सच जीवन का सिखाती है ....

15. माँ से मैं तक

उम्र के साथ-साथ
मैं कुछ बदल रही हूँ
घर में सब कहने लगे थे यह
एक अरसे से
पर मैं अब महसूस
कर रही हूँ
मैं अपनी मम्मी सी
होती जा रही हूँ
उम्र के साथ- साथ
मैं कुछ बदल रही हूँ.....

आईने में जब देखती हूँ
अपनेआप को
नई उभरती चेहरे की
लकीरों में
साफ देख पाती हूँ उनको
स्नेह , प्यार
धैर्य और समर्पण
खुद में भी देख रही हूँ
उम्र के साथ साथ

मैं कुछ बदल रही हूँ.....

शिकायतें भी मुझको अब
कम होने लगी हैं
या फिर मेरी सोचें
कुछ बदलने लगी हैं
थम चुका है बहुत कुछ
जैसे भीतर अब
फिक्र सब बेवजह लगने लगी हैं
उनके जैसी बातें कर रही हूँ
उम्र के साथ साथ
मैं कुछ बदल रही हूँ.....

बहुत कम बोलने लगी हूँ
बातों को मन में भी
रखने लगी हूँ
शब्द कम हो गये हैं
या खामोशी में जीवन का
सार खोजने लगी हूँ
उम्र के साथ साथ
मैं सचमुच बदल रही हूँ
या अनजाने ही माँ अपनी
बन रही हूँ.....

16. स्त्री बहुत खुश थी आज

स्त्री बहुत खुश थी आज
अपने वजूद की सार्थकता
कुछ तो
महसूस हो रही थी उसे आज
कुछ दिनों से भरसक
प्रयास कर रही थी
अपने स्वाभिमान अपने
आत्मविश्वास की
बिखरी फैली चिंदियों को
समेटने की
और समेट कर उन्हें फिर
छिपा कर रख देने की
किसी की भी पहुँच से दूर
बुरी नज़र से दूर
वही चाहत सजी थी उसकी
हथेलियों पर नियुक्ति पत्र के
रूप में आज
निश्चय कर लिया था उसने
पुरूष के तेवरों से
डरेगी नहीं वो आज

और मना करने के बावजूद
मनमानी करके रहेगी आज
पिछली बार बहकावे में आ गई थी
उसकी मीठी बातों के
छलावे में आ गई थी
सब उसके भरोसे छोड़ दिया था
और वो छलिया बन कर
उसको छल गया था
वो तब बहुत कुछ हार गई थी
अपनी आज़ादी अपनी मर्ज़ी
अपनी ख़ुशियाँ अपनी ज़िंदगी
बिलकुल ही तो रिक्त हो गई थी
यह खालीपन यह खामोशी
उतार कर अब फेंकनी होगी
सोच लिया है उसने आज
उड़ान छूटे सपनों की अपनी
फिर से भरनी होगी

17. क्योंकि वो बेटी है...

जिस दिन उसका जन्म हुआ था
उसने देखा था और महसूस भी किया था
माँ के चेहरे पर जहाँ मातृत्व का गौरव था
वहीं पिता का मुख कुछ मुरझाया हुआ था
जबकि ऐसा नहीं था कि वो उनकी
दूसरी तीसरी और चौथी बेटी थी
वो उनकी पहली बेटी ही नहीं
पहली पहली सन्तान थी
पर नये पितृत्व की ख़ुशी
वहाँ कहीं मौजूद नहीं थी
क्या इसलिए कि वो बेटी थी......
यह समझ कर भी वो
समझ नहीं रही थी या फिर
समझना नहीं चाह रही थी
भ्रम उसको पाल रहा था
या वो भ्रम में जी रही थी
उनके स्पर्श के लिए
स्वयं किलक सी उठी थी
हाथों में उनके आने को
मचल सी उठी थी

मगर वो उन तक
पहुँच ही नहीं सकी थी
क्योंकि पिता जैसी वहाँ
कोई बात ही कहाँ लगी थी
क्या इसलिए कि वो बेटी थी.......
माँ ने पुलक कर उन्हें उसे
थमाना भी चाहा था
वो कितने ख़ुशनसीब हैं
यह जताना भी चाहा था
पर वो उन्हें जीत नहीं सकी थी
अपनी नन्ही किलकारी से
उन्हें लुभा नहीं सकी थी
क्या इसलिए कि वो बेटी थी.....
खोए खोए से वो इधर उधर
देखने लगे थे
फिर थोड़ी देर में
वहाँ से चले भी गए थे
देखकर वो सहम सी गई थी
अपने अस्तित्व से कुछ
डर सी गयी थी
भीतर की दुनिया से
यह दुनिया बहुत अलग थी
क्या इसलिए कि वो बेटी थी......
हाँ उस दिन वो बेहद खुश हुए थे
जब माँ ने उनको पिता
बनने की ख़बर सुनाई थी
पूरे परिवार को उन्होंने

जी भरकर मिठाई खिलाई थी
वो खिल उठी थी
उनके संसार में
अपने आने के अहसास से
इठला उठी थी सम्मान से
और स्वाभिमान से
स्वप्न सा कोई देख रही थी
या दृष्टि उनकी बदल गयी थी
क्या इसलिए कि वो बेटी थी.....
दर्द का एहसास बहुत था
सत्य यह सचमुच कड़वा था
अपमान अपना मगर
बिलकुल भी स्वीकार्य नहीं था
उसका जीवन उसका स्वाभिमान
निश्चित ही सर्वोपरि था
वादा किया खुद से उसने तब
दुनिया को दिखा देगी
स्वयं भी जिएगी शान से और
उनका भी नाम रोशन करेगी
बेटे से बढ़कर ख़ुशियाँ उनको देगी
हाँ इसलिए , क्योंकि वो बेटी है......

18. बारिश तेरी मेरी.....

बारिश आई तो
ज़मीं के साथ
पलकों में ठहरी
यादों को भी
मेरी भिगो गयी
नज़र आने लगे फिर से जिसमें
कितने ही गीले सूखे लम्हे
तेरी मेरी पहली बारिश के
जहाँ शायद न तुम थे
न शायद मैं
था तो बस उन टपकती
बूँदों का मीठा शोर
चारों ओर हर ओर
जिसने हमारे मन
मिला दिये थे
शब्दों से अपने
मल्हार रच दिये थे
बेमतलब को टंगा छाता
काँप कर उड़ गया था
हमारे बीच से ,

जब खामोशी से तुमने
एक पुर्जा सा
मुझे थमा दिया था
पास खड़ा चायवाला भी
मुस्कुरा पड़ा था
और चाय थमाते थमाते
रूक सा गया था
उसकी चाय की टपरी पर
इश्क़ जो सज रहा था
और उसमें वो भीग रहा था
पुर्जे को पढ़े बिना ही
धड़क उठीं थीं साँसें मेरी
उसके एहसास से
और दिल महक रहा था
गीली सोंधी मिट्टी से
कभी कभी यह बारिश
कमाल करती है न
वो भी कह जाती है
जो न शब्द कह पाते हैं
और न ही मौन
अच्छा एक बात मेरी समझ लेना
जब अगली बारिश आए
तो छतरी मत खोल लेना
क्योंकि कुछ भेद दिल के
भीग कर ही खुलते हैं
और हर बार की बारिश में

प्रेम का रस घोलते हैं
प्रेम रत्न बन जाते हैं

19. सुनो.....

सुनो, तुम जब आँखें खोलो
अलसुबह अपनी
उनमें मुझको भर कर मूँद लेना
फिर पलकें अपनी
मैं ख़्वाबों को भर कर उनमें
चुपके से बस जाउंगी
अहसास बन फिर मेरा तुम
नींद सजा लेना अपनी
सुनो, तुम जब आँखें खोलो
अलसुबह अपनी ....

गीत प्रीत के फिर तुम संग
मैं रच लुंगी
शब्द शब्द राग रागिनी से
मैं सजा लुंगी
भरके उनमें सम्मोहन तुम
आवाज़ का अपनी
रच देना एक अलग सी
मुहब्बत की कहानी अपनी
सुनो, तुम जब आँखें खोलो

अलसुबह अपनी......

काँधे पर तुम्हारे रख कर
सिर अपना
मीठी लोरी सी एक झपकी
मैं ले लुंगी
खोकर ख्वाबों में फिर सैर
आसमाँ की कर लुंगी
दुनिया तुम बसा लेना उसमें
फिर सुन्दर सी अपनी
सुनो, तुम जब आँखें खोलो
अलसुबह अपनी.....

बिन कहे ही कुछ तुम्हारे
मैं सब समझ लुंगी
मौन अधरों को चाहत से
अपनी सजा दुंगी
गीतों में सुर सजाकर
मुहब्बत तुम जतला देना
मैं ज़िंदगी तुम्हें
बना लुंगी अपनी
सुनो, तुम जब आँखें खोलो
अलसुबह अपनी......

20. दूसरी पारी वाला प्रेम

यह दूसरी पारी वाला प्रेम
पहली पारी वाले प्रेम से
बिलकुल अलग होता है
इसका स्वभाव इसका स्वरूप
इसका मीठापन इसका तीखापन
बिलकुल अलग मिज़ाज का होता है
क्योंकि इसमें अब
प्रेम को पाने की चाह नहीं
बल्कि पाए हुए को फिर से
जी लेने का अहसास होता है
इसमें किन्हीं कसमें वादों का नहीं
छोटी मोटी बातों का नहीं
बल्कि सम्पूर्ण समर्पण का भाव होता है
इसमें अब प्रेम को खोने का डर नहीं
बल्कि पाए हुए अनुभवों को
जीवन में उतार लेने का प्रयास होता है
इस प्रेम में अब कोई हड़बड़ी
कोई जलन , कोई स्वार्थ नहीं होता है
बातें, मुलाक़ातें करने को
किसी बहाने का इंतज़ार नहीं होता है

बल्कि शीतल बयार से हर दिन में
चाँदनी रात का अहसास होता है
जाड़ों की सुहाती धूप में
गरम चाय का आनन्द होता है
मन के आँगन में देर तक
ठहरा हुआ सा
जीवन का सार होता है
साथ होने भर में ही
बस पूर्ण होता है
यह दूसरी पारी वाला प्रेम
दोनों के लिए अलग
अनुभूति वाला प्रेम होता है......

21. मेरी मर्ज़ी

मेरे लिए मायने रखती है
हमेशा
मेरी हाँ
या मेरी न

ये आँखों में ठहरी ज़िद की तरह रहती है
लबों पर उतरती है
एक लफ़्ज़ से लेकर
पूरी इबारत तक
मैं बोलती हूँ
खुद से
दुनिया से
और कभी-कभी
ख़ामोशी से भी

मेरी हाँ या मेरी न
मायने रखती है
हमेशा

मर्ज़ी मेरी हो तो

ज़ुल्फ़ें संवार लूँ
या खोल दूँ
बिलकुल बेतरतीब
बिलकुल आज़ाद
खिलखिलाकर हँस दूँ
या यूँ ही बेबात पर कभी
ख़ुद को भिगो लूँ

मेरी हाँ या मेरी न
मायने रखती है
हमेशा

कभी अपने ही क़दमों को थाम लूँ
तो कभी बिना रुके
बिना मुड़े बस चलती रहूँ
या बीच राह कहीं फिर
थोड़ा सा ठहर कर
तराने मस्ती के कुछ
गुनगुनाती चलूँ

मेरी हाँ या मेरी न
मेरी साँस की तरह
मेरे स्वाभिमान की तरह
साथ रहती है
ये मेरे औरत होने का
गर्वीला गुरूर भी है और
मेरे "मैं" होने का

गूंजता हुआ सुर भी

मेरी हाँ या मेरी न
मेरे वजूद की परिभाषा है
और
हर औरत की अभिलाषा है....

22. आज़ाद दर्द

सोचती हूँ कि कितना
सुकून मिलता होगा न
टूटना और फिर टूटकर
बिखर जाना
सब कुछ छोड़कर
खुद तक को
भूल जाना
सबके सामने
किसी लम्हे बस
एक दिन अचानक
बिना अनुमति, बिना भय,
बिना कुछ सोचे
बिना कुछ तय किए
जैसे किसी कोने में
भीतर कहीं
बहुत समय से क़ैद
दर्द से कराहती
छटपटाती, चीखती, चिल्लाती
अपनी आवाज़ को
आँसुओं के बेसुरे क्रन्दन के साथ

बाहर निकाल देना
एक वो चुप्पी, एक वो पीड़ा
जो अब शायद
तड़प उठी थी
जाग उठी थी
विद्रोह कर उठी थी
सबसे....
खुद से...

23. हमें तो बता दिया होता

सरेआम इज़हार कर दिया होता
या ख़त कोई छोटा सा भेज दिया होता
मुहब्बत हो गई है हमसे , हमें तो बता दिया होता

लफ़्ज़ कुछ शायरी के या नगमा कोई लिख दिया होता
वाट्सएप या मैसेंजर पर जानेजां भेज दिया होता
मुहब्बत हो गई है हमसे, हमें तो बता दिया होता.....

कुछ कह लेते तुमसे या कुछ सुन लेते तुम्हारी
खामोशियों में भी हाल ए दिल समझ लिया होता
मुहब्बत हो गई है हमसे, हमें तो बता दिया होता ...

साज ओ सरगम बज गये होते फ़िज़ाओं में हरतरफ़
हवाओं में संगीत कुछ वफ़ाओं का रच दिया होता
मुहब्बत हो गई है हमसे , हमें तो बता दिया होता

मुस्कुरा कर एक बार देख लिया होता तुमने
मुलाक़ात का बहाना कुछ तो ढूँढ लिया होता
मुहब्बत हो गई है हमसे , हमें तो बता दिया होता

हाथों में लगी मेंहदी में नाम ढूँढता हूँ तुम्हारा
आकर क़रीब इशारा बेशक हया से कर दिया होता
मुहब्बत हो गई है हमसे , हमें तो बता दिया होता...

दोस्त बहुत हैं साथ छेड़ने को , लेकर नाम तुम्हारा
चुपके से हाथ तुमने भी कभी तो, मेरा थाम लिया होता
मुहब्बत हो गई है हमसे, हमें तो बता दिया होता...

24. हर रोज़ सुबह

तुम जब काम पर जाते हो
हर रोज़ सुबह
पीछे ठीक तुम्हारे चल देती हैं आँखें मेरी
हर रोज़ सुबह

दरवाज़े पर ठिठकती हैं
पल दो पल को
कुछ छूट तो नहीं गया
साथ तुम्हारे जाने को
टिफ़िन में अचार , सलाद में नींबू ,
कच्ची हरी मिर्च और
भुना जीरा दही में डालने को
तुम कुछ नहीं कहते कभी
पूछने पर भी कमी
नहीं बताते कभी
मगर जानती हूँ न
तुम्हारी पसंद को
इसीलिए बस इत्मीनान करने को
अपनी आँखें ठीक तुम्हारे
पीछे टिका देती हूँ

हर रोज़ सुबह......

तह किया हुआ रूमाल तुम्हारा
वहीं रखा है
सोफे के एक किनारे
अधजली सिगरेट का
एक टुकड़ा
भी कहीं सुलग
रहा है धीरे धीरे
तुम्हें बातों में
उलझाकर अपनी
भुला देती हूँ तुमसे
रूमाल और सिगरेट तुम्हारे
कुछ तो हो न पास मेरे
मन बहलाने को
जाने के बाद तुम्हारे
हर रोज़ सुबह......

तुम्हारे जाने के बाद भी
लगता नहीं कभी भी
जैसे तुम चले गए हो
बिखर गए हो बस
इस घर में कहीं भी
कोने कोने पर
कमरे कमरे में, कपड़ों में
कुर्सी में , चाय के प्यालों में
हमारी गपशप में,

अख़बार की ख़बरों में
तुम्हारी हँसी में
मेरी खिलखिलाहट में
और मेरी सोचों में
हर रोज़ सुबह......

25. वक़्त आज यह बहुत हसीन आया है

वक़्त आज यह बहुत हसीन आया है
ख़ुशियों के हैं कहकहे कहीं तो कहीं फ़िज़ाओं ने मुस्काया है
वक़्त आज यह बहुत हसीन आया है.....

दिलों में जागने लगीं हैं हसरतें फिर तमाम
धड़कते दिल को क्या खूब करार आया है
वक़्त आज यह बहुत हसीन आया है ....

सजी है यह बज़्म, यह अंजुमन, यह शाम , यह जाम
सुरूर ए मुहब्बत इन आँखों ने छलकाया है
वक़्त आज यह बहुत हसीन आया है......

बज उठी है सरगम और खनक उठे हैं साज
गीत कोई पुराना फिर लबों पर आया है
वक़्त आज यह बहुत हसीन आया है.....

आओ बैठें साथ कि गुज़रे न एक पल भी बिन तुम्हारे
वादों पर फिर तुम्हारे आज एतबार आया है
वक़्त आज यह बहुत हसीन आया है......

थिरक उठें संग तुम्हारे झूम उठें प्रीत की ताल पर
आलम कैसा देखो मदहोशी का छाया है
वक़्त आज यह बहुत हसीन आया है.....

हाथों में होगा हाथ और साथ होगा सदा तुम्हारा
रश्क क़िस्मत पर अपनी बार बार यह आया है
वक़्त आज यह बहुत हसीन आया है....

www.ingramcontent.com/pod-product-compliance
Lightning Source LLC
La Vergne TN
LVHW010103061026
849532LV00008BA/2941
9789371565127